Les zathlètes

Dessins
Bloz

Scénario
Giga

Avec la participation de Stephane Diagana

Couleurs
Éric Stoffel

BAMBOO ÉDITION 10

Collaborer à l'aventure des **Zathlètes** *c'était avant tout l'idée de participer à un projet consacré à l'athlétisme. Un sport magnifique et universel. Un sport comportant autant de disciplines que de traits de « caractères ». On rencontre ainsi une vraie « petite société » sur une piste d'athlétisme. Des personnages aux tempéraments et aux gabarits différents sont nombreux à évoluer sur un stade. Et quoi de mieux que la bande dessinée et l'humour pour dépeindre cet univers ¿ La bande dessinée qui est un outil de communication idéal, notamment vis-à-vis des jeunes, pour évoquer les différentes facettes de ce sport.*

Au fil de cet album, il semblait intéressant de montrer que l'athlétisme n'est pas uniquement individuel mais également un grand sport collectif. Important de montrer ce sport au-delà de la compétition, dans le quotidien des athlètes et de souligner son côté convivial. Le haut niveau ne peut pas exister sans réseau de vie et d'animation. C'est indispensable. Et ceci ne peut se faire sans les grands et les petits clubs. Il faut penser aussi à leur donner de la reconnaissance, à rendre hommage aux dirigeants, aux bénévoles et autres juges qui passent des heures et des heures sur un stade. Une vie associative primordiale dans la formation d'un athlète. Un terrain de développement complémentaire à l'apprentissage scolaire…

L'athlétisme n'est réellement médiatisé que quelques mois dans l'année et particulièrement pendant la période estivale en Europe. Tous les supports sont donc nécessaires pour mettre en avant les vraies valeurs de cette discipline olympique. Et quand, en plus, on passe un bon moment de rigolade, c'est encore mieux...

Stéphane Diagana

- > Recordman d'Europe du 400 m haies en 47"37 en 1995 à Lausanne
- > Recordman de France à 8 reprises, en 1990 (48"92), 1992 - 4 fois, 1993 - 2 fois, et 1995
- > Recordman de France sur relais 4x400 m, en 3'00"09 en 1993, puis en 2'58"96 en 2003
- > Champion du Monde 1997 du 400 m haies
- > Champion du Monde du 4x400 m aux championnats du monde d'athlétisme 2003 (après déclassement en 2004 du relais américain)
- > Médaille d'argent du 400 m haies aux championnats du Monde 1999
- > Médaille de bronze du 400 m haies aux championnats du Monde 1995

- > Champion d'Europe 2002 du 400 m haies
- > Médaille d'argent du relais 4x400 m aux championnats d'Europe 1994
- > Médaille de bronze du 400 m haies aux championnats d'Europe 1994
- > Trophée Saint-Yorre, en salle par équipes nationales, en 1992 (à Paris) (+ 400 m)
- > Champion de France du 400 m en 1992, 1993, 1994, 1995, 1997 et 2001
- > Champion de France du 400 m haies en 1990
- > Champion de France du 400 m en salle en1988
- > Coupe d'Europe des nations : 1er en 1993 sur 400 m haies
- > Coupe d'Europe des nations : 2e en 1997 et 2002 sur 400 m haies
- > Coupe d'Europe des nations : 3e en 1994 et 2001 sur 400 m haies

Petit déjà, nous avions des dispositions pour l'athlétisme...
ET HOP!
CIEL
8
7
6
5
4
3
2
1
TERRE
Louis au lancer...
YES!
10KG
Alex à la course...
ALLEZ, RATTRAPEZ-MOI!
TAP
TAP
TAP
Jumper au saut...
23
22
21
La bonne ambiance du sport, quoi... Malheureusement, il y avait également l'affreux Juju, le caïd de la cour de récré!
ALLEZ LES NOUILLES! FILEZ-MOI VOS BILLETS!
On le voit encore... parfois. Il n'a pas évolué, lui!
GUICHET
FILEZ-MOI VOS BILLETS!
?
?
STADE U.S COUPHEN
ST
BLOZ & GIGA

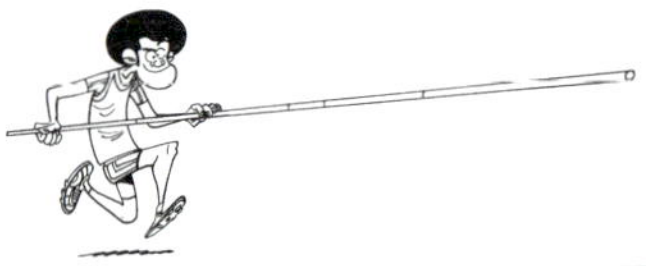

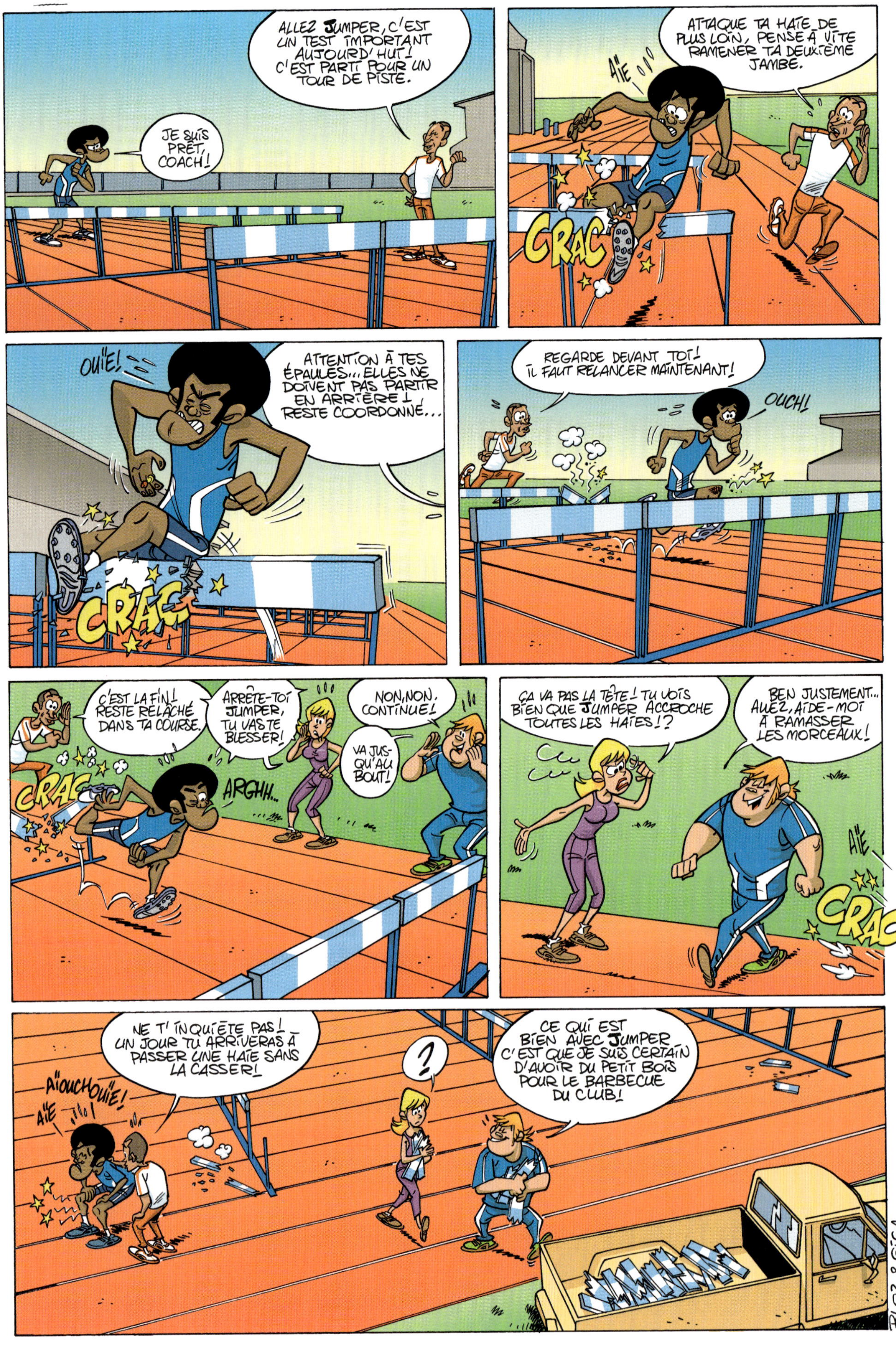

ALLEZ JUMPER, C'EST UN TEST IMPORTANT AUJOURD'HUI ! C'EST PARTI POUR UN TOUR DE PISTE.
JE SUIS PRÊT, COACH !
AÏE
ATTAQUE TA HAIE DE PLUS LOIN, PENSE À VITE RAMENER TA DEUXIÈME JAMBE.
CRAC
OUIE !
ATTENTION À TES ÉPAULES... ELLES NE DOIVENT PAS PARTIR EN ARRIÈRE ! RESTE COORDONNÉ...
CRAC
REGARDE DEVANT TOI ! IL FAUT RELANCER MAINTENANT !
OUCH !
C'EST LA FIN ! RESTE RELÂCHÉ DANS TA COURSE.
CRAC
ARGHH...
ARRÊTE-TOI JUMPER, TU VAS TE BLESSER !
NON, NON, CONTINUE !
VA JUSQU'AU BOUT !
ÇA VA PAS LA TÊTE ! TU VOIS BIEN QUE JUMPER ACCROCHE TOUTES LES HAIES ! ?
BEN JUSTEMENT... ALLEZ, AIDE-MOI À RAMASSER LES MORCEAUX !
AÏE
CRAC
NE T'INQUIÈTE PAS ! UN JOUR TU ARRIVERAS À PASSER UNE HAIE SANS LA CASSER !
AÏOUCHOUIE !
AÏE
?
CE QUI EST BIEN AVEC JUMPER C'EST QUE JE SUIS CERTAIN D'AVOIR DU PETIT BOIS POUR LE BARBECUE DU CLUB !
BLOZ & GIGA

ARF!!!
J'SUIS MIEUX QUE LA DERNIÈRE FOIS, LÀ...
ARF...
J'AI ENCORE UN PEU DE MAL... ARF... MAIS ÇA SE PRÉCISE!
JE PROGRESSE!
MAIS DUR-DUR DANS LE SABLE!
MMHH...
JE PEINE DANS LES MONTÉES POUR TE SUIVRE ... PFOU... MAIS ÇA VA... JE TE COLLE!
ARF!!
PFOU!
J'LE SENS BIEN, MOI, CE FOOTING!
BOM!
BOM!
MOUAIS...
C'EST BON LÀ?! ON PEUT CONTINUER?
HEIN?
DIS?
VAS-Y, VAS-Y CHAMPION!
J'TE SUIS!
C'EST GÉNIAL DE POUVOIR M'ENTRAÎNER AVEC TOI COACH!
ATTENDS, J'AI CALÉ!

LES CONSEILS DU COACH
Les starting-blocks
UN STARTING-BLOCK EST UTILISÉ AVANT TOUT POUR LES COURSES DE VITESSE ET PERMET D'AMÉLIORER LA MISE EN ACTION !
UN PIED DEVANT, UN APPUI DERRIÈRE, BIEN COLLÉS AUX BLOCKS, IL FAUT AVANT TOUT ÊTRE À L'AISE "DEDANS" ET POUVOIR RESPIRER CORRECTEMENT.
HELP !
J'SUIS TROP PRÈS DE LA LIGNE !
GNNNN...
POUR LES ATHLÈTES CONFIRMÉS, VÉRIFIEZ QUE LE START SOIT BIEN FIXÉ AU SOL.
À VOUS DE TROUVER LA PARADE !
POUR LES DÉBUTANTS : NE PAS LEVER TROP HAUT LES FESSES ET TENDRE L'OREILLE POUR NE PAS LOUPER LE STARTER
Y A QUELQU'UN ?
HOUHOU ?
UN DERNIER CONSEIL POUR BIEN PARTIR : IL EST PRÉFÉRABLE DE NE PAS AVOIR PEUR DU COUP DE PISTOLET !
BLAM !
Y. COURVITE
EUROSPORT
BLOZ & GIGA

GNIIIIIIIIIIIIII
ALLEZ POUSSEZ, POUSSEZ !
ÇA FERME PAS COACH ! Y A TROP DE BAZAR DANS LE COMBI !
À CHAQUE FOIS QU'ON PART TOUS ENSEMBLE C'EST LA MÊME CHOSE... C'EST TROP PETIT POUR TOUTES NOS AFFAIRES !
BON, BIG LOUIS... À TOI DE JOUER !
BLOM !
ET VOILÀ ! MERCI QUI ?
CLIC !
MERCI BIG LOUIS ! BON, ON PEUT Y ALLER MAINTENANT ?
CONTENT QU'IL Y AIT UNE PETITE PLACE POUR MA PERCHE !
!?
BLOZ & GIGA

C'EST TOUT DE MÊME JOLI COMME ENDROIT !
OUAIS...
AU FAIT, QUI A TROUVÉ CE NOUVEAU PARCOURS POUR FAIRE UN FOOTING ?
C'EST MOI COACH !
TOUCHATOUT ! LA PROCHAINE FOIS QUE TU REPÈRES UN TERRAIN ACCIDENTÉ POUR UN CROSS, PENSE À FAIRE UNE CHOSE...
EUH...
À FAIRE QUOI, COACH ?
?
HEIN ? QUOI ?
?
?
BAH ?..
BEN ALORS ? ÇA VA PAS ?
À LIRE LES PANNEAUX !
?
DANGER
ZONE MILITAIRE
MANOEUVRES EN COURS.

ARF! ARF! ARF!
J'Y ARRIVE PAS... J'SUIS CREVÉE!
TOI, T'ES ENCORE SORTIE FAIRE LA FÊTE HIER SOIR!
BEN...
BON LES GARS, ON SE MOBILISE POUR AIDER ISA, OK?! ALORS VOUS VOUS RÉPARTISSEZ LES TÂCHES POUR QUE VOTRE ÉQUIPIÈRE OBTIENNE UNE EXCELLENTE HYGIÈNE DE VIE...
OUAIS COACH!
OK COACH!
8 JOURS + TARD...
C'EST GÉNIAL, COACH!
J'AI UNE PÊCHE D'ENFER!
T'AS RAISON! QUEL PROGRÈS! C'EST DINGUE, COMMENT AVEZ-VOUS FAIT?!
CLIC!
BEN, ALEX A PASSÉ TOUTES LES NUITS À SURVEILLER LE FRIGO POUR M'EMPÊCHER DE GRIGNOTER...
... PENDANT QUE JUMPER GARDAIT MA VOITURE DANS LE GARAGE POUR M'EMPÊCHER DE SORTIR EN BOÎTE ...
... ALORS QUE FANNY VEILLAIT SUR MA FENÊTRE DE CHAMBRE POUR QUE MON PETIT COPAIN NE PUISSE PAS ME RENDRE VISITE!!
!!
RONFLE...
ZZZZZZZ
ZZZZZZ
BLOZ & GIGA

PTOU!
PFOU! PFOU!
TAP TAP TAP
TU AS BIEN FAIT DE TE METTRE À LA PERCHE MON CHÉRI... MON PÈRE EST TELLEMENT MÉFIANT...
SMOUTCH
ET C'EST TEEEEEELLEMENT PLUS ROMANTIQUE!
BLOZ & GIGA.

BONNE NOUVELLE POUR L'U.S. ACOUPHÈNE !
U.S. ACOUPHÈNE
TAPTAPTAPTAPTAPTAP
UN ENTREPRENEUR LOCAL A DÉCIDÉ DE SPONSORISER NOTRE PETITE ÉQUIPE !
!
ACCESSOIRES DE SPORT Y. COURVITE
NE ME REMERCIEZ PAS ! J'AIME CE JOB, JE SUIS BON POUR LE RELATIONNEL ...
BEN... C'EST-À-DIRE QUE...
J'AIME LE CONTACT AVEC NOS CHERS COMMERÇANTS QUI METTENT LA MAIN À LA POCHE POUR QUE L'ON PUISSE OFFRIR LES MEILLEURS ÉQUIPEMENTS À NOS SPORTIFS...
...EN ÉCHANGE D'UN PETIT EMPLACEMENT PUBLICITAIRE SUR UN MAILLOT !
TOUPIT !
OUI, JE COMPRENDS ...
MAIS ...
!
...ON COMMENCE À MANQUER DE PLACE !
MAIS, ON NE PEUX PLUS REFUSER !! C'EST VOTRE PLUS GROS CONTRAT QUE JE VOUS APPORTE LÀ !
À MOINS QUE...
TU VOIS STEPH ! JE SAVAIS BIEN QU'ON TROUVERAIT UNE SOLUTION !
EN REVANCHE, ON NE VA PAS S'AMÉLIORER BEAUCOUP AU NIVEAU DES RÉSULTATS !
ACCESSOIRES DE SPORT Y. COURVITE.
TOUT POUR LE SPORT CHEZ Y. COURVITE
TREUMP ! TREUMP ! TREUMP ! TREUMP ! TREUMP ! TREUMP ! TREUMP !
TIPTIPTIP TIPTIP
BLOZ & GIGA

LE TRUC, C'EST D'ÊTRE "DEDANS" 24H SUR 24 ! À LA MAISON, AU BOULOT, DANS LA RUE...
DANS LA RUE ?
OUVERT
OUI, REGARDE AUTOUR DE TOI ! ON DIRAIT QUE TOUT EST FAIT POUR S'ENTRAÎNER !
SUIS-MOI ! REGARDE ! LE CHIEN... HOP !
LE CHIEN...
?
?
LE CHARIOT DU LIVREUR ! **HOP !**
LE CHARIOT...
LE PASSAGE PIÉTON, **HOP HOP HOP** TU VOIS, FACILE ! PAR CONTRE **2** RÈGLES À NE JAMAIS OUBLIER !
HOP ! HOP ! HOP !
ALLEZ LE SCOOTER !
RÈGLE N° **1** : QUE L'OBSTACLE NE SOIT PAS TROP HAUT...
TAP ! TAP !
RÈGLE N° **2**...
LE COUPE-VENT DU BISTROT !
LOTO
TAP ! TAP ! TAP ! TAP !
...POUVOIR APERCEVOIR CE QU'IL Y A **DERRIÈRE** L'OBSTACLE !
AH...
?
BUOZ & GIGA

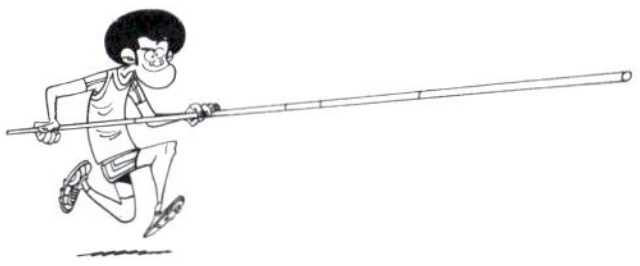

AGA...
GA...
HUMPF...
BLLLL...
'GA?
SGAG?...
HUMPF...
KI?
?
?
?
HUMPF
TAP
HUMPF
TAP
TAP
! !? !
BROUF!
OUIN!
?
ÇA VA PAS NON?
JE T'AI DÉJÀ DIT QUE JE NE VOULAIS PAS QUE TU T'ENTRAÎNES À LA MAISON!
...EN PLUS JE RISQUE DE PERDRE MON JOB DE NOURRICE!
BUZ & GIGA

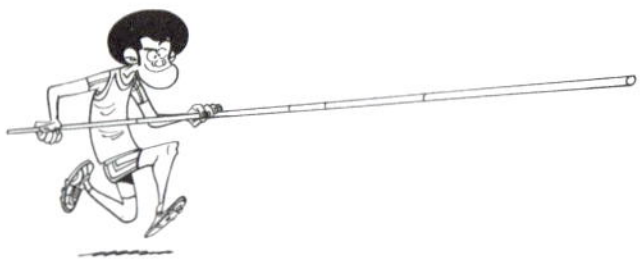

C'EST LE COMMISSARIAT D'À CÔTÉ QUI S'ENTRAÎNE...
?
...LEUR CROSS A LIEU DANS QUINZE JOURS!
BLOZ & GIGA

BEN, BIG LOUIS ?! QU'EST-CE QUE TU FABRIQUES ?
JE SUIS LES CONSEILS DE STEPH' !
POUR CRAMER QUELQUES CALORIES... HUMPF... ET SUER UN PEU PLUS PENDANT LES FOOTINGS... HUMPF... JE SUPERPOSE DES ÉPAISSEURS DE VÊTEMENTS !
HUMPF !
HUMPF !
3 PULLS, 2 VESTES DE SURVET' 4 PANTALONS ET 5 CALEÇONS !
?
?
...ET LA PETITE TOUCHE PERSO' MADE-IN BIG-LOUIS POUR ÉLIMINER UN PEU PLUS, J'AI PRIS IL Y A UNE HEURE TOUT LE CONTENU DE CETTE BOITE DE GÉLULES DIURÉTIQUES !
TROP FORT !
ELIM'IN
30 GÉLULES
ET... TU N'AS PAS PEUR QUE...
ZIP !
GLORGLOGLOB...
20 EUROS QU'IL N'AURA PAS LE TEMPS DE TOUT QUITTER !
TENU !
VITE ! VITE !
VITE !
VITE !

POUR ÊTRE BIEN PLUS FORT QUE VOS PETITS CAMARADES, JE PEUX VOUS FAIRE 2 OU 3 PIQÛRES DE "MÉTABOLIX 3000" SUPER HORMONE DE CROISSANCE ! VOUS ALLEZ GRANDIR, GRANDIR...
...OU BIEN DES "AMPHETAGIX" HYPER STIMULANT CORPS ET CERVEAU POUR COURIR PLUS VITE ET CALCULER VOS MEILLEURES TRAJECTOIRES EN SIMULTANÉ !
NON, NON, ATTENDEZ, J'AI MIEUX... "EQUIVÉGIN" À BASE DE SÉRUM DE CHEVAL !
DU "RESPIRFORT 5000 ADULTE" RECOMMANDÉ POUR LE DÉVELOPPEMENT MUSCULAIRE !!
PSH!!!!
NON, MIEUX QUE ÇA ENCORE, LE TOUT NOUVEAU "PHÉROMONE+" QUI AGIT SUR LE POUVOIR DE SÉDUCTION !
TOUS LES JUGES DE PISTE VONT CRAQUER SUR VOUS !
ÉH! ÉH!
TIENS... TOUCHATOUT A FAIT CONNAISSANCE AVEC LE DOCTEUR MAGOUILLOVSKY ?!
OUI... ET IL A COMPRIS QU'IL N'Y A QU'EN S'ENTRAÎNANT QUE L'ON S'AMÉLIORE !
TAPTAPTAPTAPTAP TAPTAPTAP TAPTAPTAPTAPTAPTAP !
BLOZ & GIGA.

FAIS ATTENTION BIG LOUIS ! LANCE BIEN SUR LA PELOUSE. LA DERNIÈRE FOIS, TU AS FAILLI ASSOMMER LE GARDIEN DU STADE.
T'INQUIÈTE PAS, COPAIN, JE NE VAIS PAS LANCER FORT !
HUMPF !
HUMPF !
AAAAAHH...
ENCORE RATÉ !
NON LOIN DE LÀ, HORS DU STADE...
JEANNOT, TU SERAS LÀ LE WEEK-END PROCHAIN ?
TU SAIS BIEN QUE NON, PAULO. JE MARIE MA FILLE.
ON VA FAIRE COMMENT POUR LE TOURNOI DE LA COMMUNE ?
OH LES GARS ! TAISEZ-VOUS ! JE ME CONCENTRE.
Stade U.S. A
?
?
!?
PLOMB
DÉSOLÉ MESSIEURS ! JE NE VOULAIS PAS VOUS DÉRANGER !
ÇA VENAIT D'OÙ CE MISSILE ?
?
MAIS, MON PETIT, TU ES UN CHAMPION !
LES GARS, ON L'A TROUVÉ VOTRE 3E HOMME POUR LE TOURNOI !
?
FÉLICITATIONS MON GARS !
TAP' TAP'
BLOZ & GIGA

LES CONSEILS DU

COACH

Le poids

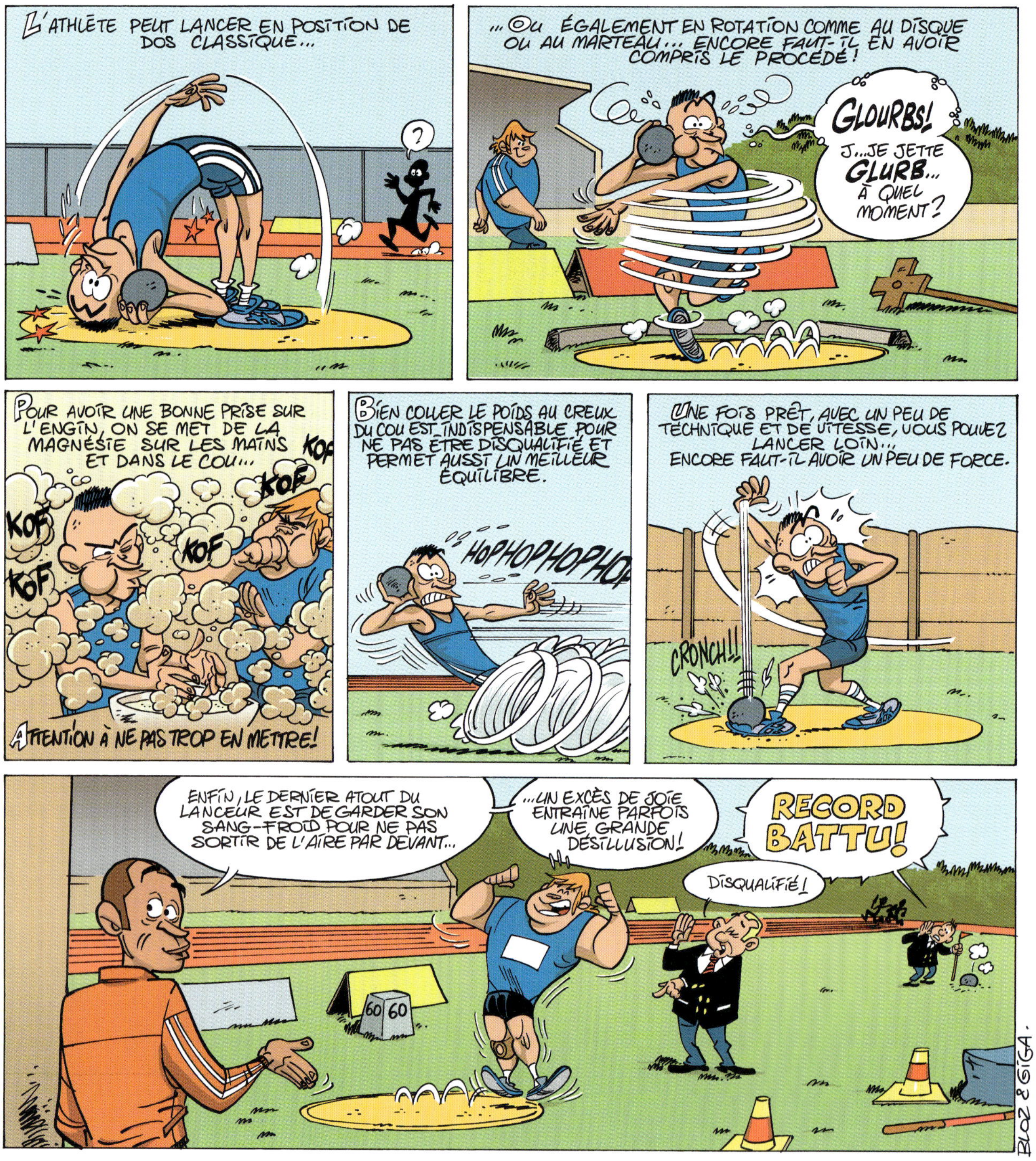

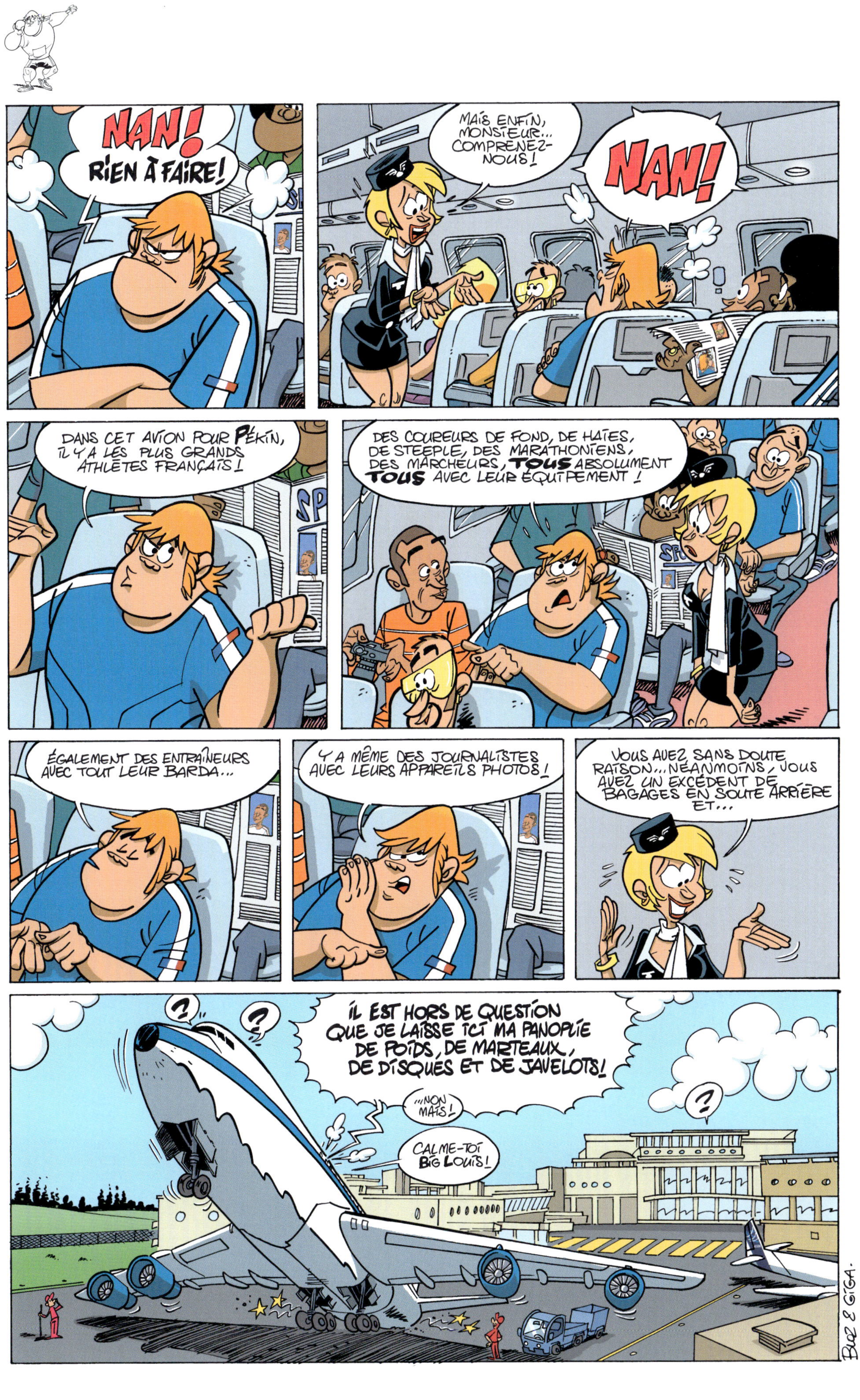
NAN! RIEN À FAIRE!
MAIS ENFIN, MONSIEUR... COMPRENEZ-NOUS!
NAN!
DANS CET AVION POUR PÉKIN, IL Y A LES PLUS GRANDS ATHLÈTES FRANÇAIS!
DES COUREURS DE FOND, DE HAIES, DE STEEPLE, DES MARATHONIENS, DES MARCHEURS, TOUS ABSOLUMENT TOUS AVEC LEUR ÉQUIPEMENT!
ÉGALEMENT DES ENTRAÎNEURS AVEC TOUT LEUR BARDA...
Y A MÊME DES JOURNALISTES AVEC LEURS APPAREILS PHOTOS!
VOUS AVEZ SANS DOUTE RAISON... NÉANMOINS, VOUS AVEZ UN EXCÉDENT DE BAGAGES EN SOUTE ARRIÈRE ET...
IL EST HORS DE QUESTION QUE JE LAISSE ICI MA PANOPLIE DE POIDS, DE MARTEAUX, DE DISQUES ET DE JAVELOTS!
...NON MAIS!
CALME-TOI BIG LOUIS!
BUZ & GIGA.

REGARDEZ LES AMÉRICAINS ...
BERMUDAS, CHEMISES À FLEURS, TONGS, LUNETTES DE SOLEIL VISSÉES SUR LE NEZ...
À PREMIÈRE VUE, PAS D'INQUIÉTUDE À AVOIR DE LEUR CÔTÉ... CES GARS-LÀ SONT BIEN TROP DÉCONTRACTÉS POUR ÊTRE UNE RÉELLE MENACE POUR NOTRE ÉQUIPE.
?
?
?
EH BIEN, DÉTROMPEZ-VOUS!
CAR SE CACHENT DERRIÈRE CET APPARENT LAISSER-ALLER LES MEILLEURS ATHLÈTES PRÉSENTS AUX JEUX!
...SEULEMENT, C'EST LEUR FAÇON À EUX D'ÔTER LA PRESSION QUI PÈSE SUR LEURS ÉPAULES...
?!
...ET DE TROMPER L'ENNEMI!
LE LENDEMAIN...
?
?
QUATIZIT?
?
...
BEN QUOI?
BLOZ & GIGA

ICI, MON PETIT TOUCHATOUT, TU ENTRES DANS LES COULISSES DE L'EXPLOIT!
LA CHAMBRE D'APPEL EST RÉSERVÉE AUX SPORTIFS!
CHUT, VIENS VOIR!
!
C'EST ICI QUE TOUT SE JOUE AVANT UNE COMPÉTITION!
C'EST UN MOMENT TRÈS IMPORTANT POUR LES ATHLÈTES... ILS SE PRÉPARENT PSYCHOLOGIQUEMENT ICI AVANT D'ENTRER DANS L'ARÈNE!
WAHOU!!
...
CHACUN SE PRÉPARE À SA FAÇON!
BAH... REGARDE, COACH...
?
C'EST QUOI CET ATTROUPEMENT?
TU PEUX ME REMETTRE UN PEU DE LAQUE, JE COURS DANS 5 MINUTES!
ÇA, C'EST ALEX QUI SE PRÉPARE!
MAIS, DU COUP, IL EST SOUVENT EN RETARD SUR LA LIGNE DE DÉPART!
?

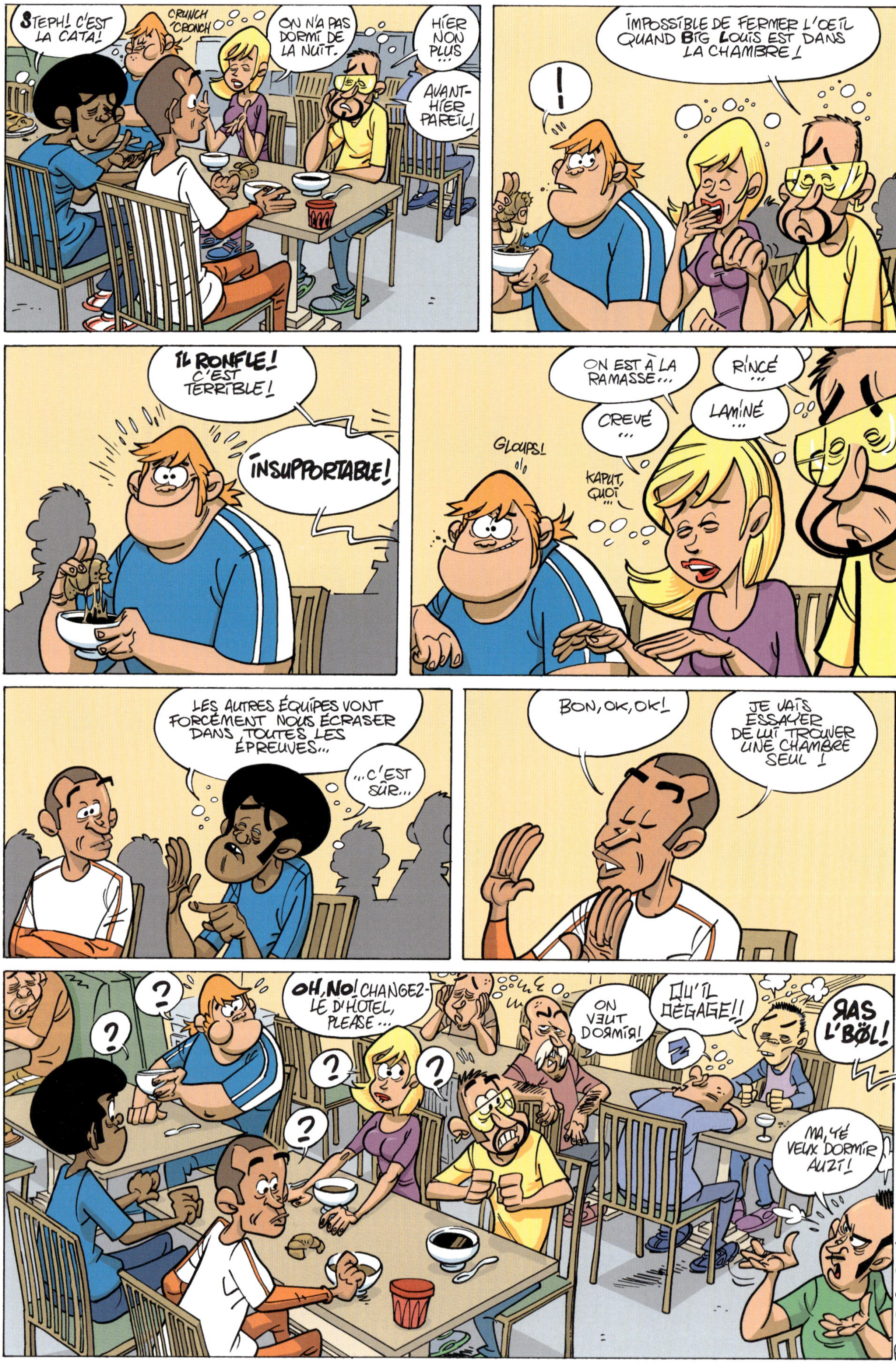
STEPH! C'EST LA CATA!
CRUNCH CRUNCH
ON N'A PAS DORMI DE LA NUIT.
HIER NON PLUS...
AVANT-HIER PAREIL!
!
IMPOSSIBLE DE FERMER L'OEIL QUAND BIG LOUIS EST DANS LA CHAMBRE!
IL RONFLE! C'EST TERRIBLE!
INSUPPORTABLE!
ON EST À LA RAMASSE...
RINCÉ...
CREVÉ...
LAMINÉ...
GLOUPS!
KAPUT, QUOI...
LES AUTRES ÉQUIPES VONT FORCÉMENT NOUS ÉCRASER DANS TOUTES LES ÉPREUVES...
...C'EST SÛR...
BON, OK, OK!
JE VAIS ESSAYER DE LUI TROUVER UNE CHAMBRE SEUL!
OH, NO! CHANGEZ-LE D'HÔTEL, PLEASE...
ON VEUT DORMIR!
QU'IL DÉGAGE!!
RAS L'BØL!
MA, YÉ VEUX DORMIR AUZI!
BLOZ & GIGA

HUMPF HUMPF
HAN!
BROOF!
IMPEC'! NICKEL! TRÈS BIEN TON SAUT, JUMPER!
FROT' FROT'
?
DEBOUT!
ALLEZ, MAINTENANT FONCE! ON T'ATTEND SUR LE 400 MÈTRES!
HEU...
MAGNE-TOT!
10 MINUTES + TARD...
MINCE! JUMPER RAME COMPLÈTEMENT SUR SA COURSE!
IL N'AVAIT PEUT-ÊTRE PAS SUFFISAMMENT RÉCUPÉRÉ...
DUR!
VENEZ, ON VA LE VOIR!
ALLEZ, C'EST PAS GRAVE, JUMPER!
C'EST BÊTE... J'AURAIS PU ALLER PLUS VITE...
?
!
...SI ON M'AVAIT LAISSÉ LE TEMPS DE RETIRER TOUT LE SABLE DU BAC DE RÉCEPTION!
TAP' TAP'
!
BLOZ & GIGA.

FF
J'AURAIS PAS DÛ PARTIR SEUL FAIRE UN FOOTING.
ME VOILÀ BIEN AVANCÉ!
J'AI PERDU MES LENTILLES DE CONTACT...
TAP TAP TAP TAP
ET J'AI DES CRAMPES PLEIN LES GUIBOLES!
OUCH!
MANQUAIT PLUS QUE ÇA.
...
BON, ON SE CALME! JE FAIS LE TOUR DE CE MURET, ET JE VAIS BIEN RETROUVER LA ROUTE DU STADE!
6700KM
BUZ & GIGA

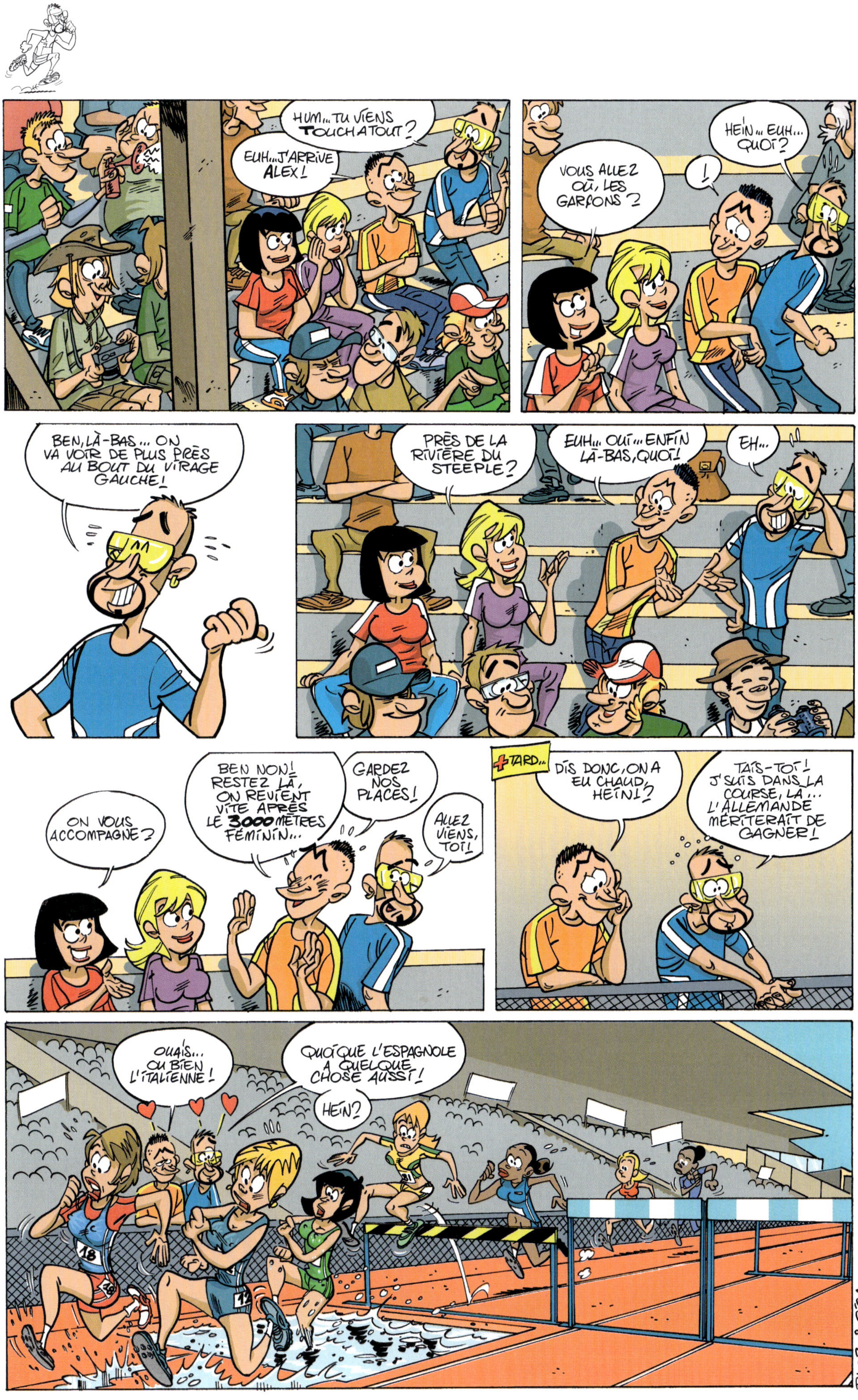

HUM... TU VIENS TOUCHATOUT ?
EUH... J'ARRIVE ALEX !
VOUS ALLEZ OÙ, LES GARÇONS ?
!
HEIN... EUH... QUOI ?
BEN, LÀ-BAS... ON VA VOIR DE PLUS PRÈS AU BOUT DU VIRAGE GAUCHE !
PRÈS DE LA RIVIÈRE DU STEEPLE ?
EUH... OUI... ENFIN LÀ-BAS, QUOI !
EH...
ON VOUS ACCOMPAGNE ?
BEN NON ! RESTEZ LÀ, ON REVIENT VITE APRÈS LE 3000 MÈTRES FÉMININ...
GARDEZ NOS PLACES !
ALLEZ VIENS, TOI !
+ TARD...
DIS DONC, ON A EU CHAUD, HEIN !?
TAIS-TOI ! J'SUIS DANS LA COURSE, LÀ... L'ALLEMANDE MÉRITERAIT DE GAGNER !
OUAIS... OU BIEN L'ITALIENNE !
QUOIQUE L'ESPAGNOLE A QUELQUE CHOSE AUSSI !
HEIN ?
BUOZ & GIGA

豐順酒家
AH, LA VACHE! J'AI TOUT DONNÉ!
J'SUIS CREVÉ!
DANS LE BAIN!
PFOU!
ALLEZ! UNE BONNE DOUCHE POUR TOUT LE MONDE!
LE DERNIER À POIL EST UNE NOUILLE!
?
?
?
OUAIS!
HÉ!
HEU...
T'ES SÛR QUE...
?
?
?
AH D'ACCORD! JE ME DEMANDAIS AUSSI POURQUOI TOUCHATOUT VOULAIT SE DOUCHER À LA CANTINE DU STADE!
MOI NON PLUS JE N'ARRIVE PAS ENCORE À LIRE LE CHINOIS!
TAP!
TAP!
TAP!
BLOZ & GIGA.

?
C'EST UN SCANDALE!
QU'EST-CE QUI SE PASSE, LÀ-BAS?
OH... C'EST ALEX!
UNE HONTE!
FRA
IL VIENT DE FINIR SON ÉPREUVE DU 100 MÈTRES!
ET... IL A PERDU?
VOUS ALLEZ ENTENDRE PARLER DE MOI!!
NON... C'EST PAS ÇA! IL A MÊME PLUTÔT ÉTÉ BON.
REGARDEZ-MOI ÇA!!
MAIS TU SAIS, CE STADE RECEVANT LES JEUX A ÉTÉ CONSTRUIT UN PEU EN DERNIÈRE MINUTE...
...ET TOUT N'EST PAS SUPER AU POINT!
?
LE RECUL EN BOUT DE PISTE DES 100 MÈTRES, PAR EXEMPLE, N'EST PAS ASSEZ IMPORTANT...
...ET LES PEINTURES SONT FRAÎCHES!
...
USA
FRA
BUOZ & GIGA

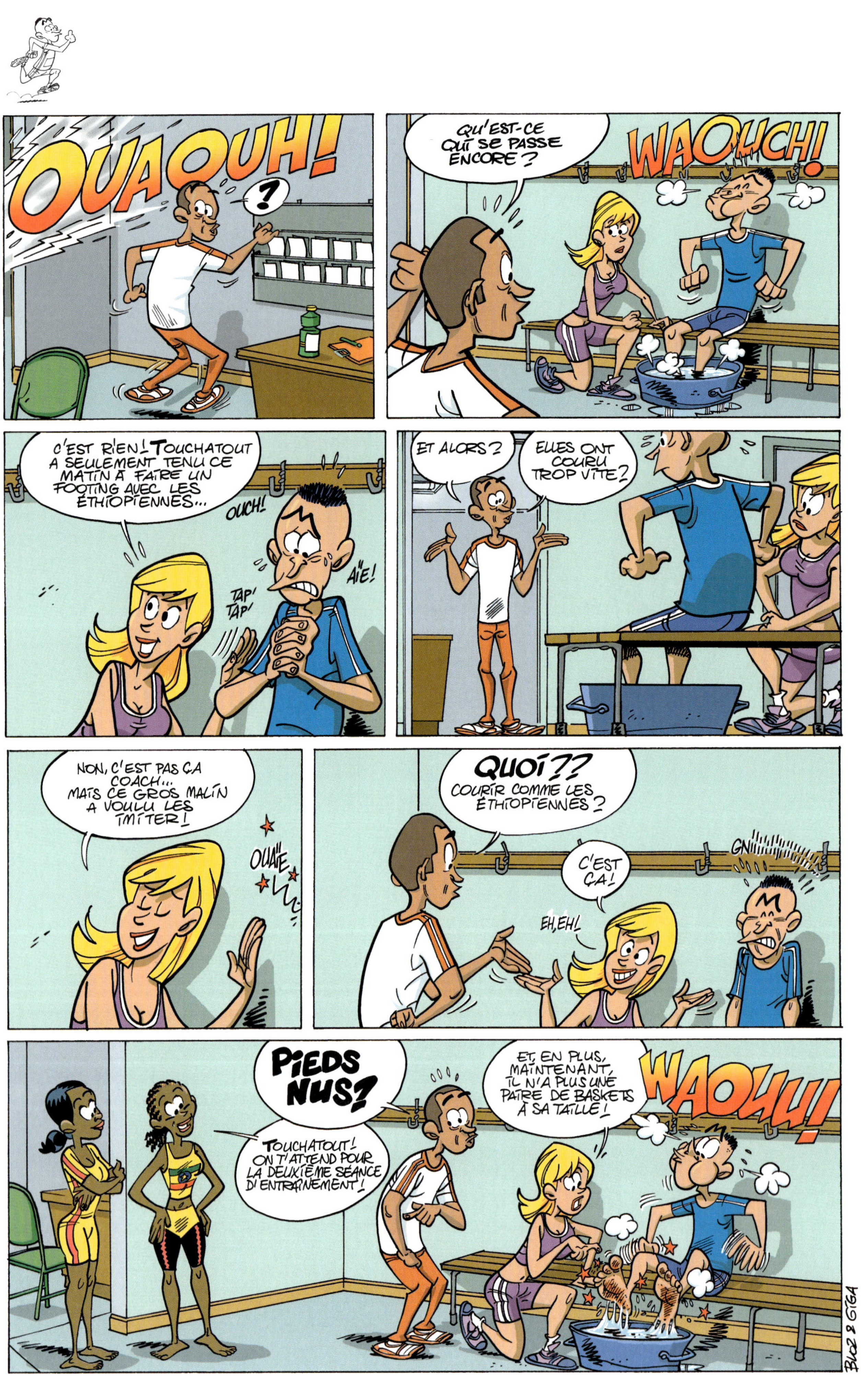
OUAOUH!
?
QU'EST-CE QUI SE PASSE ENCORE ?
WAOUCH!
C'EST RIEN! TOUCHATOUT A SEULEMENT TENU CE MATIN À FAIRE UN FOOTING AVEC LES ÉTHIOPIENNES...
OUCH!
TAP' TAP'
AÏE!
ET ALORS ?
ELLES ONT COURU TROP VITE ?
NON, C'EST PAS ÇA COACH... MAIS CE GROS MALIN A VOULU LES IMITER!
OUAÏE
QUOI ?? COURIR COMME LES ÉTHIOPIENNES ?
C'EST ÇA!
EH, EH!
PIEDS NUS?
TOUCHATOUT! ON T'ATTEND POUR LA DEUXIÈME SÉANCE D'ENTRAÎNEMENT!
ET, EN PLUS, MAINTENANT, IL N'A PLUS UNE PAIRE DE BASKETS À SA TAILLE!
WAOUH!
BLOZ & GIGA

...
SMACK!
TOC! TOC!
AVANT, IL JOUAIT AU FOOT...
IL A GARDÉ DE MAUVAISES HABITUDES QUAND IL GAGNE!
BOZ & GIGA

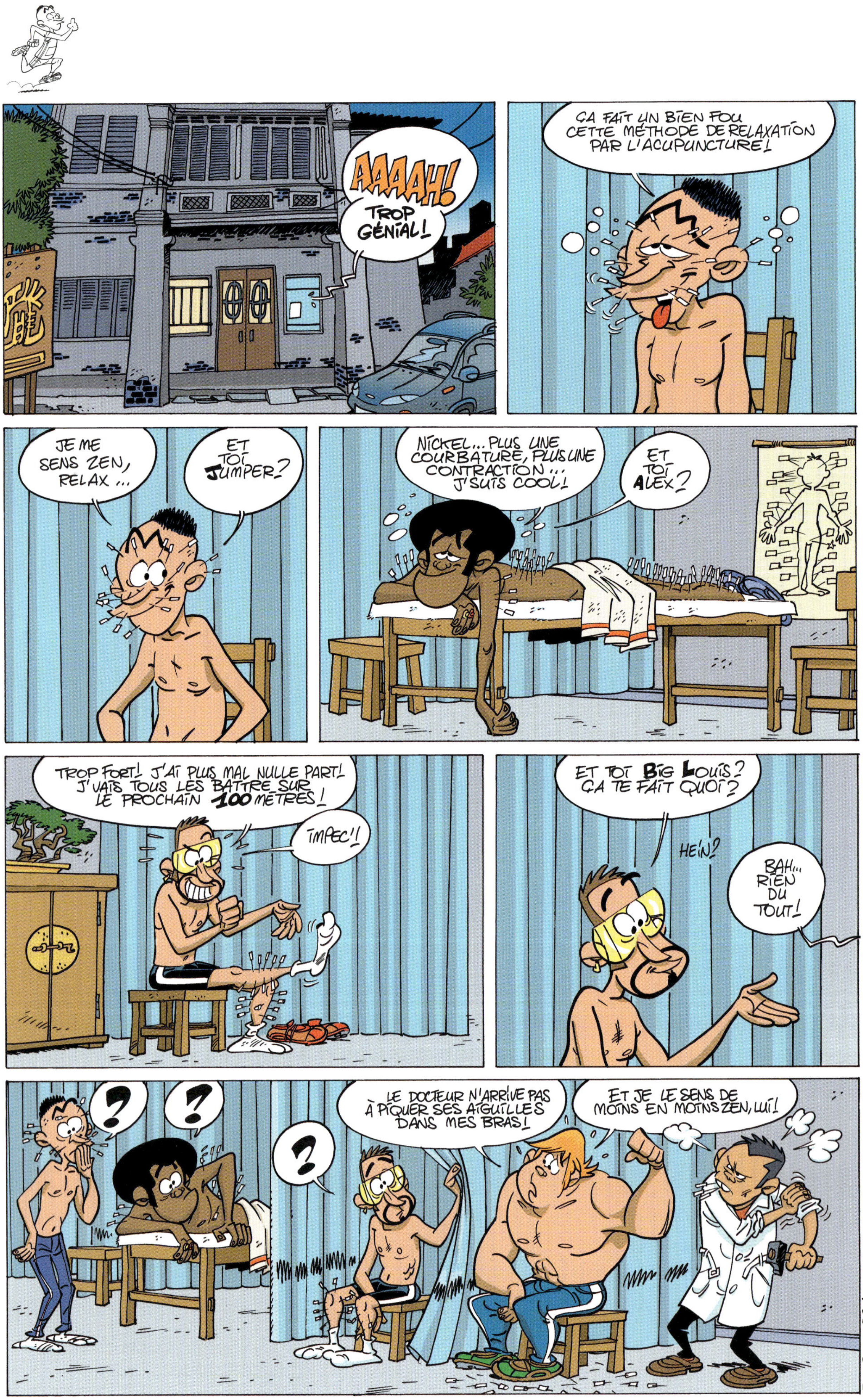
AAAAH! TROP GÉNIAL!
ÇA FAIT UN BIEN FOU CETTE MÉTHODE DE RELAXATION PAR L'ACUPUNCTURE!
JE ME SENS ZEN, RELAX...
ET TOI JUMPER?
NICKEL... PLUS UNE COURBATURE, PLUS UNE CONTRACTION... J'SUIS COOL!
ET TOI ALEX?
TROP FORT! J'AI PLUS MAL NULLE PART! J'VAIS TOUS LES BATTRE SUR LE PROCHAIN 100 MÈTRES!
IMPEC!
ET TOI BIG LOUIS? ÇA TE FAIT QUOI?
HEIN?
BAH... RIEN DU TOUT!
?
?
?
LE DOCTEUR N'ARRIVE PAS À PIQUER SES AIGUILLES DANS MES BRAS!
ET JE LE SENS DE MOINS EN MOINS ZEN, LUI!
BLOZ & GIGA

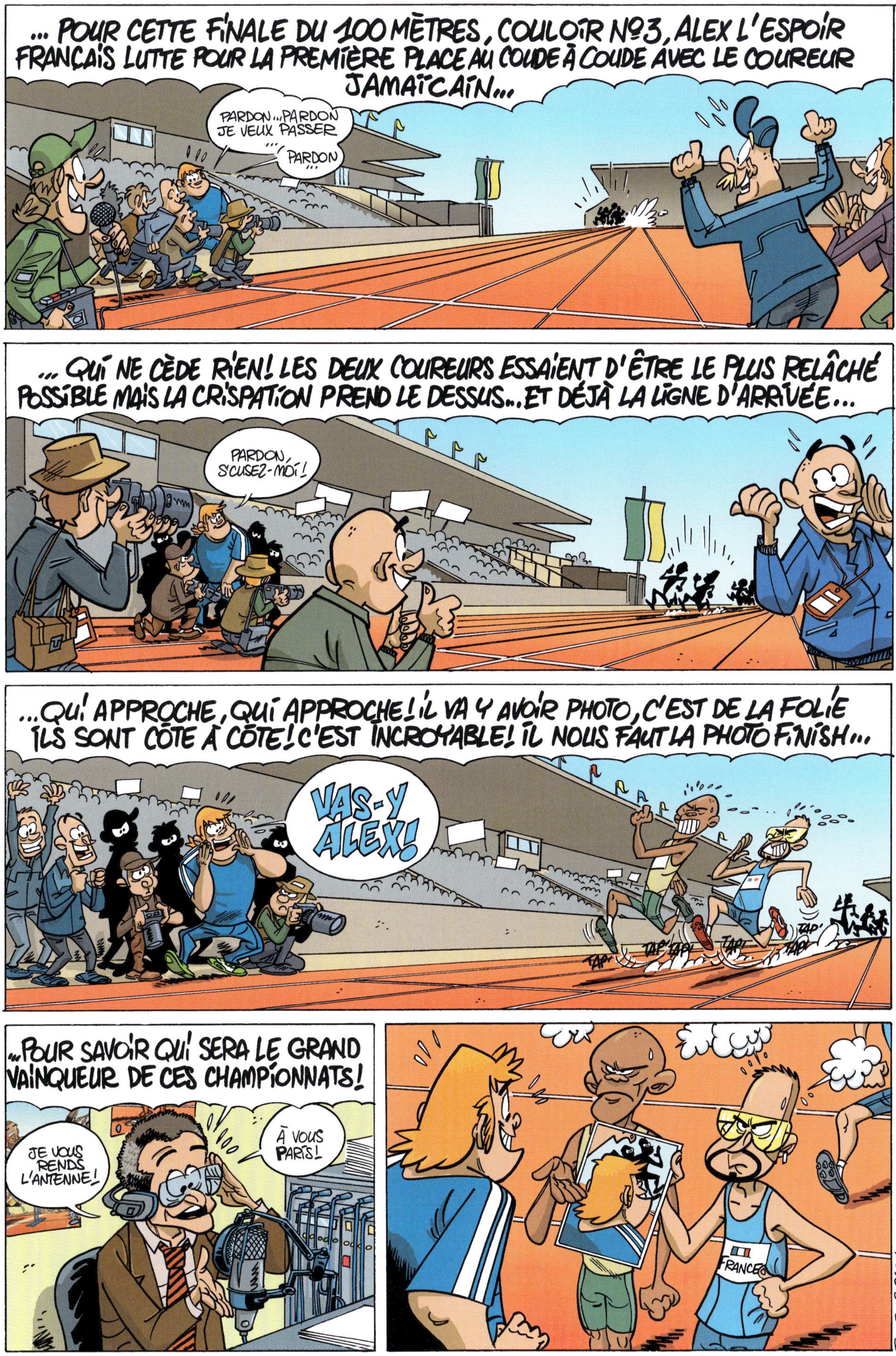
... POUR CETTE FINALE DU 100 MÈTRES, COULOIR Nº3, ALEX L'ESPOIR FRANÇAIS LUTTE POUR LA PREMIÈRE PLACE AU COUDE À COUDE AVEC LE COUREUR JAMAÏCAIN...
PARDON... PARDON JE VEUX PASSER
PARDON
... QUI NE CÈDE RIEN! LES DEUX COUREURS ESSAIENT D'ÊTRE LE PLUS RELÂCHÉ POSSIBLE MAIS LA CRISPATION PREND LE DESSUS... ET DÉJÀ LA LIGNE D'ARRIVÉE...
PARDON, S'CUSEZ-MOI!
...QUI APPROCHE, QUI APPROCHE! IL VA Y AVOIR PHOTO, C'EST DE LA FOLIE ILS SONT CÔTE À CÔTE! C'EST INCROYABLE! IL NOUS FAUT LA PHOTO FINISH...
VAS-Y ALEX!
TAP' TAP' TAP' TAP' TAP' TAP'
...POUR SAVOIR QUI SERA LE GRAND VAINQUEUR DE CES CHAMPIONNATS!
JE VOUS RENDS L'ANTENNE!
À VOUS PARIS!
FRANCE
BLOZ & GIGA

JE N'AI PAS RÉUSSI ! C'ÉTAIT PLUS FORT QUE MOI !
ÇA SE PASSERA MIEUX LA PROCHAINE FOIS !
TU PEUX PAS TOUJOURS ÊTRE AU TOP DE TA FORME !
MMMH...
QUAND JE L'AI VUE... ÇA M'A BLOQUÉ ! J'AI PAS PU... C'EST LA PREMIÈRE FOIS QUE ÇA M'ARRIVE !
D'HABITUDE JE N'AI AUCUN PROBLÈME, JE DONNE TOUT ! MON HONNEUR EST BAFOUÉ !
PERSONNE N'EN SAURA RIEN !
!
ATTENTION ! LA R'VOILÀ DÉJÀ !! ME LAISSEZ PAS SEUL !!
ALLEZ JEUNE HOMME ! ON Y RETOURNE ! J'AI ASSEZ ATTENDU ! FAUT Y ALLER MAINTENANT !
?
?
CETTE FOIS, FAUT PASSER AU CONTRÔLE ET ME FAIRE UN PETIT PIPI DANS LE BOCAL !
J'VEUX PAS Y ALLER !! JE PRÉFÈRE ÊTRE DISQUALIFIÉ !
...
C'EST JUSTE UN MAUVAIS MOMENT À PASSER ALEX... T'INQUIÈTE PAS !
BLOZ & GIGA

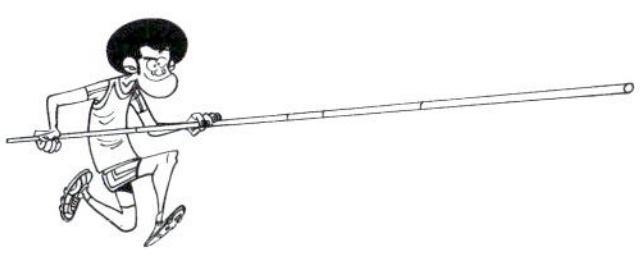

DERNIÈRE ÉPREUVE DE LA JOURNÉE SUR CE 4X400 MÈTRES, APRÈS LE DEUXIÈME PASSAGE DE TÉMOIN, TOUS LES COUREURS PASSENT À LA CORDE COULOIR NUMÉRO 1...
VITE
BAMB
USA
C'EST LA BOUSCULADE... LE FRANÇAIS SORT DU GROUPE ET TENTE DE PASSER EN TÊTE !
LÀ, VA FALLOIR JOUER SERRÉ !
FRA
FRA
POUSSEZ-VOUS !
OUPS !
#
HÉ !!
ARGH !
PLACE
SHIT !!!
GOD
FRA
POL
USA
!
FRA
BRAOUF !
?
?
JAM
FRA
DÉPÊCHE-TOI JUMPER ! ON PEUT ENCORE GAGNER !
JE VEUX BIEN... MAIS JE NE SAIS PAS QUEL EST NOTRE TÉMOIN !
JAM
JAM
FRA
BLOZ & GIGA

TADAM!
ALORS? COMMENT ME TROUVEZ-VOUS?
GÉNIALE! TROP BELLE!
MOI, J'AI TROUVÉ PLEIN DE GADGETS POUR MES ENFANTS!
R'GARDEZ ÇA!
Beijing
ÇA NE PRENDRA PAS TROP DE PLACE DANS L'AVION QUI NOUS RAMÈNERA EN FRANCE...
J'SUIS BEAU?
TIC TIC TIC TIC TIC
HEU... OUI, ÇA TE VA PAS MAL! HUM BON, IL EST DÉJÀ TARD...
IL VA FALLOIR RENTRER AU VILLAGE DES JEUX POUR PRÉPARER NOS VALISES.
ATTENDEZ, ALEX ET BIG LOUIS N'ONT PAS TERMINÉ LEURS ACHATS...
I WANT A MÉDAILLE!
YOU PAS COMPRENDRE?
"MÉ-DA-YEU"!! DES MÉDAILLES, QUOI!
ON DOIT BIEN POUVOIR EN TROUVER QUELQUES-UNES À VENDRE!
ON VA TOUT DE MÊME PAS RENTRER BREDOUILLES.
!?
BLOZ & GIGA

LES CONSEILS DU COACH

L'équipement

LÀ, C'EST LE 400 MÈTRES INDOOR À PARIS-BERCY EN 1992...
ICI, C'EST À ROME, EN 1993... JE GAGNE LE 400 MÈTRES HAIES DE LA COUPE D'EUROPE DES NATIONS...
LE CHAMPIONNAT DE FRANCE DU 400 MÈTRES À ANNECY EN 1994...
MON RECORD DE FRANCE DU 400 MÈTRES HAIES EN 1995 À LAUSANNE...
EUH... CHAMPION DU MONDE DU 400 MÈTRES HAIES À ATHÈNES EN 1997...
LÀ, C'EST MUNICH... CHAMPION D'EUROPE DU 400 MÈTRES HAIES...
HEU... EXCUSEZ-MOI...
MJC
CE N'EST PAS DU TOUT PÉDAGOGIQUE, CETTE CONFÉRENCE !
OUAIS ! MOI J'AIME MIEUX LE TOUR DU MONDE EN FORMULE 1 !
TU CROIS QUE ÇA LEUR A PLU ?
BEN...
MON TOUR DU MONDE EN PHOTOS
2 HEURES DE DIAPOSITIVES COMMENTÉES PAR S. DIAGANA

13. 14. 15. 16!
16 NOUVEAUX ADHÉRENTS ! VOILÀ QUI VA FAIRE DU BIEN AUX CAISSES DE L'U.S. ACOUPHÈNE !
AH, ELLE A ÉTÉ EFFICACE LA PETITE FANNY !
MOUI...
C'EST SÛR QUE LOUIS, ALEX ET TOUCHATOUT N'ONT PAS EU AUTANT DE SUCCÈS DANS LEUR DISCIPLINE...
ILS N'ONT RAMENÉ PERSONNE AU CLUB, EUX...
...
SEULEMENT, JE CRAINS QUE CES NOUVEAUX VENUS NE DÉPASSENT JAMAIS LE NIVEAU DE NOTRE COUREUSE DE DEMI-FOND...
...ET NE RESTENT DERRIÈRE ELLE !
ERROC'N'ROLL'Mag
?
BLOZ & GIGA

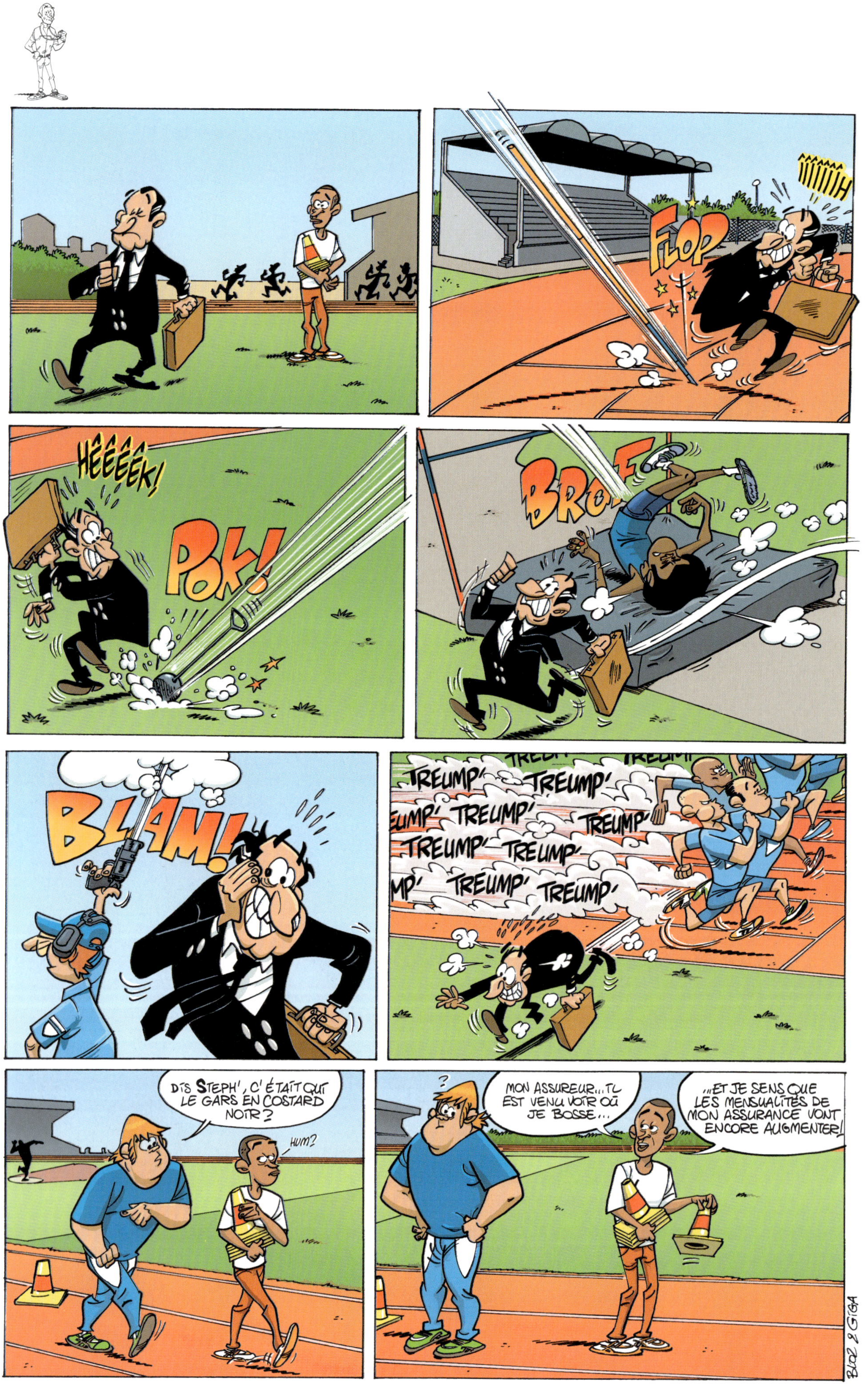

FLOP
ÏÏÏÏÏH
HÉÉÊÊK!
POK!
BROF
BLAM!
TREUMP' TREUMP' TREUMP' TREUMP' TREUMP' TREUMP' TREUMP' TREUMP' TREUMP' TREUMP'
DIS STEPH', C'ÉTAIT QUI LE GARS EN COSTARD NOIR?
HUM?
?
MON ASSUREUR... IL EST VENU VOIR OÙ JE BOSSE...
...ET JE SENS QUE LES MENSUALITÉS DE MON ASSURANCE VONT ENCORE AUGMENTER!
BLOZ & GIGA

SALUT LES FILLES !
CLIC !
T'AS VU COMME ELLES SONT TOUTES SUBJUGUÉES !
MMH ?
ALEX
CENTRE VILLE
C'EST MA NOUVELLE TENUE QUI LES ÉBLOUIT !
TU VOIS TOUCHATOUT, AVEC MON NOUVEAU SHORT PROFILÉ EN CARBONE-KEVLAR À HAUT C.X. DE PÉNÉTRATION, JE CROIS QUE JE VAIS EN FAIRE TOMBER PLUS D'UNE !
Y.COURVITE
BLOZ & GIGA

JE T'AVAIS DIT DE PRENDRE DES BRUMISATEURS !!
BEN, J'EN AI PAS TROUVÉ !
?
?
?
!
BROUF
WOOOOOOSH
18
BLOZ & GIGA

LES CONSEILS DU COACH

L'alimentation

BLAM!
STEPH! VIENS VOIR, S'IL TE PLAÎT!
REGARDE LE STARTER LÀ-BAS! IL N'A PAS DE PROTÈGE-OREILLES!
BLAM!
DEPUIS CE MATIN, IL ENCHAÎNE LES DÉPARTS SANS AVOIR DE PROTECTION. IL VA DEVENIR COMPLÈTEMENT SOURD!
?
BLAM!
AH, LUI! C'EST JACKY...
BLAM!
SI TU CONNAISSAIS SA FEMME, TU COMPRENDRAIS!
BLA BLA BLA BLA BLA BLA
BZZZZZ
BZZZZZ
DIS, TU M'ÉCOUTES JACKY?
BLOZ & GIGA

PREMIÈRE À DROITE PUIS DEUXIÈME À GAUCHE !
NIF NIF
?
PRENDS AU ROND-POINT À GAUCHE !
NIF
ON EST ENCORE PERDUS ?
HEIN ? ON EST LOIN DU STADE ?
TOUT DROIT SUR 200 MÈTRES !
NIF !
LA COMPÉT' COMMENCE DANS 1 HEURE !
NIFL !
ET LÀ, J'AI L'IMPRESSION QU'ON TOURNE EN ROND... IL EST PRESQUE MIDI ET...
...ON A PAS ENCORE VU LE MOINDRE PANNEAU.
REMONTE LE BOULEVARD ON Y EST PRESQUE !
C'EST LÀ ! ON Y EST !
TU VOIS TOUCHATOUT, HEUREUSEMENT QU'IL Y A TOUJOURS UNE BUVETTE PRÈS DES STADES...
?
...ET QU'IL EST MIDI !
MIAM MIAM
STADE
BUVETTE FRITES MERGUEZ
BLOZ & GIGA

...BON SINON, TU VIENS AU STADE AVEC NOUS LE WEEK-END PROCHAIN? PARCE QUE...
CHUUUUT!
PARLE PLUS BAS... MA FEMME ME FAIT LA TÊTE DEPUIS 8 JOURS!
!
ELLE ME TROUVE TROP ABSENT! TROP PRIS PAR L'ATHLÉTISME!
AH MINCE!
ELLE EN A PLUS QUE MARRE DE S'OCCUPER SEULE DE LA MAISON ET DES ENFANTS, PENDANT QUE JE SUIS PARTI M'ENTRAÎNER OU EN DÉPLACEMENT À L'AUTRE BOUT DU PAYS POUR UNE COMPÉTITION!
TIENS?
POURTANT JE FAIS DES EFFORTS! JE LUI AI PROPOSÉ DE VENIR VOIR UN CHAMPIONNAT... JE L'AI EMMENÉE AU CINÉ VOIR "ISTÉRIX AUX J.O."...
...ON FAIT LES BOUTIQUES DE SPORT ENSEMBLE QUAND J'AI BESOIN DE L'ÉQUIPEMENT...
MAIS NON, RIEN N'Y FAIT... ELLE EST LÀ À RÂLER, JAMAIS CONTENTE...
...ET T'ES TOUJOURS PARTI...
...ET Y A QUE L'ATHLÉTISME QUI COMPTE...
...ET T'ES JAMAIS LÀ...
...ET T'AS QUE ÇA DANS LA TÊTE...
...ET TU PENSES QU'À TON SPORT...
...ET C'EST LE SEUL BUT DE TA VIE...
ENFIN BON, BREF...
J'TE SERS UNE PETITE COUPE?
CHAMPION
DIPLÔME
PERCHE D'OR
CHAMPION
DIPLÔME PERCHE D'OR
I ♥ U.S. ACOUPHÈNE
BLOZ & GIGA

INTERVIEW
Stéphane Diagana

Stéphane, l'athlétisme, tu es « tombé dedans » quand tu étais petit ?

J'ai pris ma première licence à dix ans. Je voulais pratiquer l'athlétisme depuis l'âge de sept - huit ans mais il n'y avait pas de clubs à proximité. Chez moi, c'était surtout une grosse envie de courir. Tout simplement un plaisir des sens de pouvoir sentir le vent et la vitesse. Auparavant, je jouais au football mais sans trop accrocher. En découvrant l'athlétisme, la compétition n'était pas un objectif prioritaire. Puis, petit à petit, j'ai grimpé les échelons. Je suis rentré à l'Institut National des Sports où j'ai côtoyé les meilleurs. Tu découvres ainsi ile plaisir du challenge et tu rencontres des gens qui ont fait les « Jeux Olympiques » et tu te dis « pourquoi pas moi ?... ». Vivre de ta passion, c'est tout de même fabuleux...

Tu as construit ta carrière et ton palmarès autour du 400 m haies. Pourquoi cette discipline plus qu'une autre ?

En fait, on essaie un peu tout au départ. Courir très vite n'était pas ma première qualité et j'ai donc fait du 110 m haies, de la hauteur et du 400 m. Puis, sur 110 m haies, j'ai eu des problèmes de dos. Je suis arrivé à un « carrefour » et il fallait faire un choix. Je me suis progressivement tourné vers le 400 m où je me débrouillais. Après, j'ai pris rapidement plaisir sur 400 m haies. Je pouvais m'exprimer physiquement et plus librement. De plus, il fallait « appréhender » une gestion tactique importante... Tout ce que j'aime.

On sent que l'athlétisme est pour toi plus qu'un simple sport ?

L'athlétisme, c'est ma passion. J'ai fait des études de sciences et j'ai toujours aimé apprendre la biomécanique. L'athlétisme est un sport mécanique où la « physique » s'exprime également. Cela m'a toujours intéressé aussi de comprendre la dimension psychologique. Les choses sont intéressantes, c'est un plaisir. J'ai la passion de la connaissance et c'est une envie dans un second temps de pouvoir partager ce savoir. Les gens peuvent comprendre ainsi un sport formidable. Qu'ils comprennent pourquoi on est capable de passer des heures, des jours et des années pour notre passion.

Comment devient-on un athlète de très haut niveau ou plutôt un grand champion qui dure sur le long terme ?

Pour être un bon athlète, il faut la passion, c'est indispensable. C'est également une capacité à s'investir pendant des années, peut-être sans retour. Mais, c'est une vie extraordinaire de pouvoir faire ce qui nous plaît. Après, il faut avoir une capacité à comprendre ce que tu fais de façon intuitive, cartésienne. Il faut avoir ce feeling, cette capacité à te projeter dans l'avenir. Il faut se construire le chemin. C'est vrai que certains jeunes manquent quelquefois d'un peu d'implication. Le « coach », ce n'est pas celui qui fait tout non plus. Il faut pouvoir donner du répondant, le repousser dans ses retranchements. Il faut savoir s'autoévaluer. Avoir aussi une volonté de construire et la tête sur les épaules.

Justement, dans l'album tu es le « coach » d'une petite bande d'athlètes. Que représente pour toi cette fonction ?

Avant toute chose, j'aimerais rendre hommage à mes entraîneurs successifs, Alain Julien, Lionel Gourlay, Franck Chevallier et bien sûr Fernand Urtebise qui a su faire fructifier au plus haut niveau le travail de ses prédécesseurs. il est pour moi le modèle de « coach ». Le mot « coach » en anglais veut dire conducteur ou guide, alors qu'en Français on le traduit tout simplement par le mot entraîneur. Je pense effectivement que le coach doit guider. S'il est un éducateur avant tout, il doit insuffler sa passion, son énergie, ses rêves à l'athlète. Il canalise également l'énergie de ce dernier. Connaître et comprendre l'athlète, c'est important. Il y a des relations humaines de proximité, de confiance qui se développent entre les deux parties. L'athlète remet ainsi les « clés du camion » à son guide. Par la suite, il devient plus un partenaire qu'un guide. Pour ma part, être réellement entraîneur serait quelque chose de riche. Après, il faut organiser la vie qui va avec pour s'investir à fond dans ce domaine.

Qu'est-ce qui a été le plus marquant dans ta carrière, que ce soit sur ou en dehors du stade ?

Ce sont des leçons de vie. J'ai surtout en mémoire de petites anecdotes. Quand on est jeune, on ne sait pas forcément bien aborder les grandes compétitions. En 1993, à Stuttgart, lors des championnats du Monde, j'avais 24 ans, la finale du 400 m haies avait du retard, j'étais stressé sur le bord de la piste. L'Américain Kevin Young, qui avait gagné les Jeux en 1992 à Barcelone, signait des autographes. Il était détendu. Il m'a montré qu'il faut rester disponible dans la tête pendant l'effort et non avant. Autre souvenir. Un entraîneur avait dit à mon propre coach lors d'un entraînement : « Tes petits jeunes, ils partent sur un rythme de J.O. Tu vas les tuer ». Et mon coach avait répondu : « Mais, dans trois ans, je compte bien qu'ils y soient ». Et effectivement, j'y suis allé et j'ai terminé quatrième. Ces exemples et ces petites phrases vous marquent et vous permettent ainsi de grandir.

On imagine qu'il faut également une grande force mentale pour toujours être au top ?

En 1995, je bats le record d'Europe. Mais les journalistes avaient dit que je ne serais jamais champion du Monde car je n'étais pas assez méchant, que je n'avais pas assez la rage. J'ai montré par la suite que « haïr » n'est pas un moteur. Je voulais montrer cela. Cela était devenu une énergie positive. Tout cela donne du sens à ton parcours. Si dans ma carrière j'ai pu faire vivre et faire avancer des idées à travers le sport, c'est une bonne chose…

Te retrouver personnage d'une bande dessinée, c'est étonnant pour toi ?

Sans être un fanatique, la bande dessinée m'a toujours intéressé. Je m'achetais déjà des Astérix quand j'étais gamin. Je lisais aussi des Lucky Luke chez des copains. Puis, mon frère aîné était également un passionné de bandes dessinées. Je ne suis donc pas totalement dépaysé.

Un grand merci aux Zathlètes Bamboosiens pour leur aide : les marathoniens Cazenove et Richez, les sprinters O.Saive et H.Jenfèvre, le starter O.Pisson, et à mon coach perso Olivier.

Bloz

www.bamboo.fr

Couleurs de couverture : Benoît Bekaert

116, rue des Jonchères - BP 3
71012 CHARNAY-LÈS-MÂCON cedex
Tél. : 03 85 34 99 09 - Fax : 03 85 34 47 55
Site Web : www.bamboo.fr
E-mail : bamboo@bamboo.fr

PREMIÈRE ÉDITION
Dépôt légal : juin 2008
ISBN 978-2-35078-507-3

Imprimé en France
Printed in France by PPO Graphic, 91120 Palaiseau

À découvrir aux éditions BAMBOO

10 tomes + 1 n° spécial

Les Profs
Scénario : Erroc
Dessins : Pica

10 tomes + 1 bêtisier

Les Gendarmes
Scénario : Sulpice & Cazenove
Dessins : Jenfèvre

7 tomes

Les Pompiers
Scénario : Cazenove
Dessins : Stédo

8 tomes

Les Fonctionnaires
Scénario : Beka
Dessins : Bloz

6 tomes

Les Toubibs
Scénario : Bélom & Gégé
Dessins : Sirvent

5 tomes

Les Commerciaux
Scénario : Plumeri & Boitelle
Dessins : Bloz

6 tomes

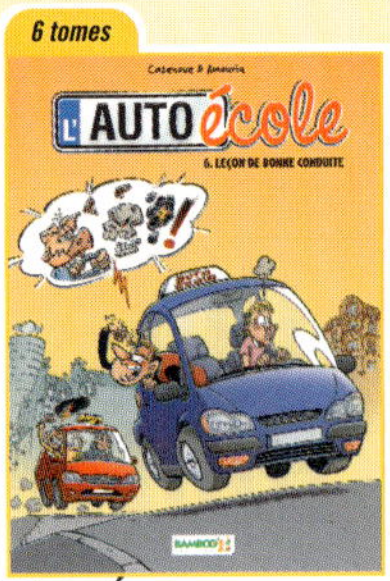

L'Auto-École
Scénario : Cazenove
Dessins : Amouriq

3 tomes

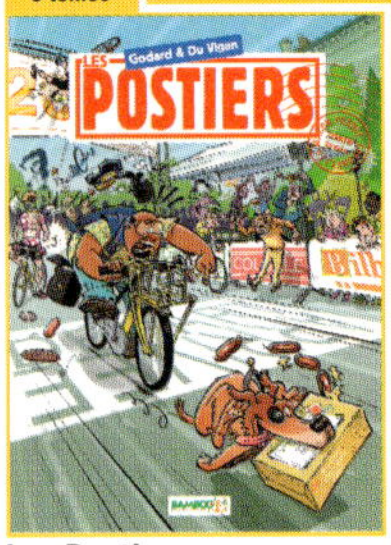

Les Postiers TOME 3 SEPT. 08
Scénario : Godard
Dessins : Du Vigan

2 tomes

Les Informaticiens
Scénario : Reynès & Brémaud
Dessins : Toulon

4 tomes

Les Musicos
Dessins & Scénario :
Janvier & Co

1 tome

Interim agency
Scénario : Swysen
Dessins : Swysen

2 tomes

Plans de carrière
Scénario : Erroc
Dessins : Yannick

5 tomes

Basket Dunk
Scénario : Cazenove & Plumeri
Dessins : Mauricet

4 tomes

Les Vélomaniacs
Scénario : Garréra
Dessins : Julié

6 tomes

Les Rugbymen
Scénario : Béka
Dessins : Poupard

4 tomes

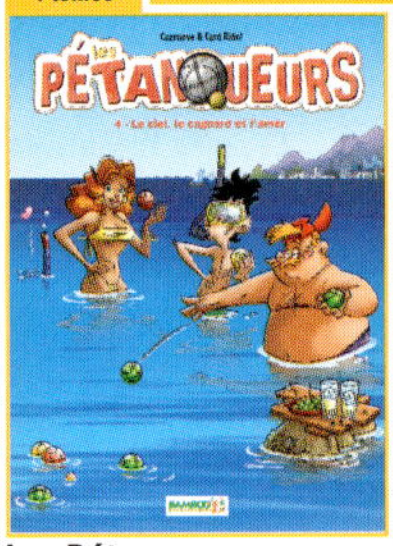

Les Pétanqueurs TOME 4 JUIL. 08
Scénario : Cazenove
Dessins : Curd Ridel

2 tomes

Dôjô - Le Temple des Arts Martiaux
Scénario : Amouriq
Dessins : Amouriq

6 tomes

Les Footmaniacs
Scénario : Béka
Dessins : Saive

1 tome

Studio danse
Scénario : Béka
Dessins : Crip

3 tomes

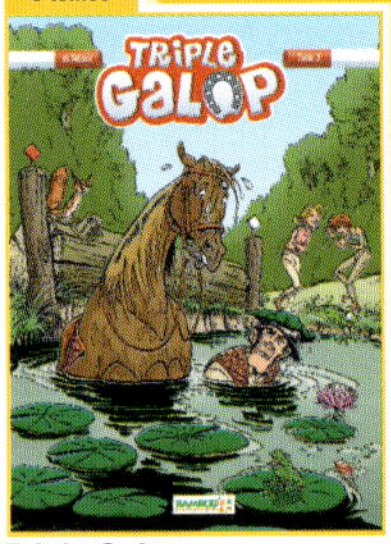

Triple Galop TOME 3 SEPT. 08
Scénario : du Peloux
Dessins : du Peloux

1 tome

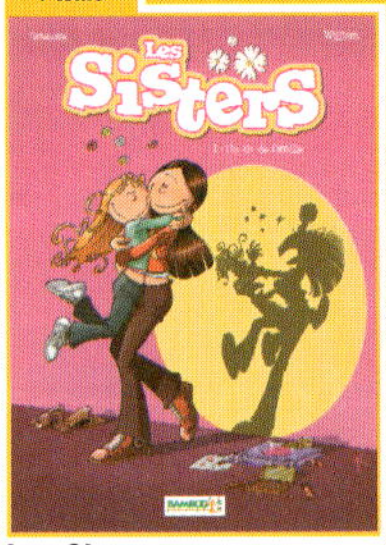

Les Sisters
Scénario : Cazenove
Dessins : William

3 tomes

Les Maîtres Nageurs
Scénario : Brémaud & Reynès
Dessins : Reynès TOME 3 JUIL. 08

3 tomes

Les Campeurs TOME 3 JUIL. 08
Scénario : Swinnen & Dugomier
Dessins : Maltaite

1 tome

Les Fondus de la Cuisine
Scénario : Richez & Cazenove
Dessins : Saive

1 tome

Les Fondus de la Pêche
Scénario : Richez & Cazenove
Dessins : Seron

1 tome

Les Fondus du Jardinage
Scénario : Richez & Cazenove
Dessins : Di Martino

2 tomes

Plan Drague
Scénario : Cazenove & Sulpice
Dessins : Jytéry

1 tome

Plan Drague nouvelle génération
Scénario : Wozniak & Cazenove
Dessins : Wingrove

1 tome

Les Puceaux
Scénario : Nicolin & Chammas
Dessins : Chammas

1 tome

Cosmic Patrouille
Scénario : Mauricet
Dessins : Mauricet